Aristote Amani

Le Médecin de La Mort

Aristote Amani

Le Médecin de La Mort

Éditions Muse

Imprint

Cover image: www.ingimage.com

Publisher:
Éditions Muse
is a trademark of
International Book Market Service Ltd., member of OmniScriptum Publishing Group
17 Meldrum Street, Beau Bassin 71504, Mauritius

Printed at: see last page
ISBN: 978-620-2-29370-9

Le Médecin de la mort

A Mon Amour Ghislaine MANEGABE

A Mes Parents .

A Mes guides.

A La jeunesse du monde entier.

Dans le donjon de l'existence, existait la nature qui souffrait d'un rythme régulier des montées et des descentes ; un tel rythme que la nature elle-même ne savait comprendre. Pourquoi faudrait-il que la nature naisse, pourquoi devrait-elle grandir et finalement pourquoi devrait-elle disparaître, c'est-à-dire ne plus exister dans toutes ses fonctionnalités palpables. Ce sont des questionnements qui coulèrent dans l'esprit de plusieurs humains vivant sur la sphère de la terre et de plus précisément de Gaviolli, cet homme rupestre qui vivait dans les faubourgs de Ordoxa, cette ville aux milles lumières naturelles et d'un urbanisme qui remonte d'avant l'ère de la renaissance.

C'était curieux pour une période plus ou moins avancée qu'il eut des personnes aussi orthodoxes dans leur mode de vie, très hostiles aux contemporanéistes et maladroitement en survie dans une ère nouvelle mais dont les repères ne sont que de la veille époque. Les feuilles de la savane dument coupées, voilà qui constituait sa literie, un gros arbre abattu dont le creux a été dévoré par des termites lui servait de sas ou disons mieux une espèce de portière dont les battants restaient des vielles branches que le soleil a privées de toute sa sève et qu'il a durcit.

Pour faire la différence entre ses nuits et ses jours dans son toit naturellement lugubre, il s'était donné l'habitude de cueillir les lucioles dans les environs de son logis pour les fixer dans une sorte de toile d'araignée, l'entièreté qu'il pouvait fixer dans le coin le plus disposé de sa grotte pour que la frêle lumière lui servit de compagnon pendant toutes ses nuits alors qu'il s'adonnait à cuir des aliments du reste inconnus dont lui seul pouvait reconnaître la saveur et l'importance sur son corps forestier d'apparence mais d'une force naturelle inégalable et d'une immunité irréversible. Derrière ce sauvage modus vivendi, Gaviolli était un homme instruit, il avait franchi son apprentissage d'école élémentaire jusqu'au seuil des études supérieures avant de se couper du monde et de s'adonner à l'écriture, aux travaux d'intérêt nutritionnel et à la découverte de la nature qui l'ouvrit à plusieurs questionnements dont seuls l'avenir dévoilera le fond.

Un beau matin alors que le vaillant de la nature Gaviolli était pleinement sous le creux de l'estomac, il sortait sa gibecière attachée à la taille, une machette dont la manche tout aride servirait aussi de machette, ses cheveux élogieusement crépus, son visage débarbouillé dans une mare près de son logis, pieds et torses nus ; aucune proie ne devrait manquer à la sensibilité de son attention. Sans prononcer un mot, il avançait dans les bois tout doucement tel un léopard ayant aperçu au loin une gazelle toute grasse. La densité des bois étant élevée, un non initié n'y verrait rien du tout mais Gaviolli tout serein avait l'impression de sentir sa proie même par ses nerfs épidermiques tellement lui et sa nature semblait faire unité.

Il avait senti la présence des écureuils qui montaient et descendaient d'un arbre apparemment creux mais dont une partie des feuillages restait toute verte. C'était en effet, la partie qui donnait dans les bois était reste verte et l'autre partie qui donnait au soleil, un tout qui donnait à spectacle émouvant d'une nature à la fois vivante et la fois éteinte comme l'ara bleu, ce perroquet qui avait fait le tour du monde jusqu'à finir par disparaître.
Sans l'avoir dit, c'était le bout des bois qui ouvrait sur un large sentier menant à quelques kilomètres de la ville Ordoxa. Ce sentier avait gardé de lui l'image péjorative d'être le carrefour des malfaiteurs et la voie de tous les trafics mafieux qui venaient des régions du Nord de la Ville, très loin en tout cas, pour charroyer jusque dans des agglomérations plus ou moins potentielles économiquement.

A cet instant, une femme vociféra de peine jusqu'à faire échapper les écureuils qui étaient dans les bouts de doigts de notre vaillant chasseur et comme conduit par son instinct sans être impromptu, il grimpa sur un chêne situé près de notre fantastique arbre aux multiples enchantements et eut une vision panoramique de l'évènement auquel on s'attendrait le moins dans une matinée mais quelque peu habituel pour cette voie.

La femme criait de toutes ses forces que ses bourreaux la malmenaient pour qu'elle se fût tue, la menaçaient de bander sa bouche par une étoffe roulée dans un vin très acre et bourré d'un taux d'alcool très fort qu'elle devrait s'enivrer et par là perdre toute sa raison et l'habileté au jugement. Elle se débattait donc, comme vous pouvez l'imaginez, le teint du visage obscurci par la sueur séchée sur son front la rendait toute pâle, ses deux mains attachées derrières sur un point commun, elle restait toute à genoux sur une espèce banquette fixée solidement à l'arrière du grand chariot qui quittait la ville pour ces régions inconnues. Ses vêtements teintés de sang, et parcimonieusement déchirés, on pouvait entrevoir de petites cicatrices toute fraîches sur ses cuisses et les versants droits et gauches de ses seins. Sa coiffure toute enchevêtrée, son charme féminin avait disparu et devait rivaliser désormais avec tous les animaux proches de l'homme au sujet de l'apparence.

Les brigands reprenaient de plus belle, et la femme ne se lassait point vociférer de peine pour manifester son opposition.

Le chasseur spectateur, la mort dans l'âme avait de la peine à comprendre qu'on eut été aussi cruelle pour une femme qui semblait être d'une innocence infantile sans nom. D'un revers la main, il mit de côté une couche de branchage qui semblait l'offusquer la vue, descendit violemment du chêne qui l'avait abrité, et au pied de l'arbre, il rebondit avec une telle force que les brigands regardèrent de part et d'autre car ils avaient entendu un drôle de bruit qui ne venait pas d'eux mais de leur entourage.

Ce bruitage tout différent les avait mis en position d'attaque, tous disposés en forme d'étoile, ils ne devaient qu'être qu'à la quête de l'épicentre d'où provenaient les ondulations qui leur parvenaient.

Sans penser à deux aspects, la dame en détresse ravivait ses cris puisqu'en fait dans son chef, une sorte de lueur d'espoir était en train d'approcher pour sa libération. Pendant le temps de l'ascension de son espoir, l'un des bourreaux de la dame avaient pris une poignée de poussière jusqu'à les jeter sur la figure de la jeune dame pour qu'elle eut cessé de crier.

- A l'aide ! venez-moi à l'aide ! s'il vous plaît ! quelqu'un pour m'aider ! Bon Dieu ! venez-moi à l'aide.
- Tu vas te taire grosse pute ! minable infamie ! rétorquait un des brigands restant tout attentionné sur la recherche du centre des ondulations qui leur parvenaient.

Gaviolli, pendant ce temps, s'était immobilisé et les yeux rivant sur la scène, il pensait comment arracher la femme de sa possession. Il prit une dizaine de minutes tout motivé et très déterminé pour renverser le système et surement personne ne devait lui en empêcher.

Dans un mouvement inattendu, il quitta l'ombrage et se jeta sur l'un d'entre eux et par une technique spectaculaire, il parvint à lui arracher les testicules par les dents de sa bouche et le laissa tomber par terre comme un bois mort. Par ce geste, deux d'entre lui approchait à petit pas tout craintif, ils reçurent à leur tour de coup de poussière dans les yeux et du moment qu'ils s'ébattaient ils s'introduisirent de coup des sabres dans leurs pectoraux et périrent tous sine Hora.

Pendant que les autres, approchant, ont assisté à cette scène, une moitié d'entre eux avait pris la poudre d'escampette sans savoir où ils se rendaient et contre qui ils s'étaient battus.

Le carnage n'avait pas pris fin du tout, de gangsters étaient restés vifs pour affronter ce qu'il appelait cette espèce de chose verte, en effet, Gaviolli passant tout son temps à se frotter contre la verdure, dormant sur la verdure et s'abreuvant des eaux plus ou moins verdâtres ils étaient devenus apparemment vert pourtant humain.

Ils se battirent tous en corps à corps pendant de longues heures, tantôt faible, tantôt fort mais parvint à tous les maîtriser jusqu'à ce qu'ils fuirent dans leur moitié et l'autre moitié ayant été mis à terre, les laissant dans des malaises impossibles, leur rappelant leur foi laquelle les poussant à prier leur derniers instants dans toutes langues que la douleur leur inspirait.

Un moment donné, comme ayant fini sa besogne, il soupira et se laissa tomber à son tour par terre, les yeux s'étant cramoisis, la peau triturée par les coups qu'il avait reçus. Ce n'était pas facile en effet, maitriser au total quinze hommes desquels quelques assommés par terre et les autres fugitifs, un record qu'il n'avait pas encore atteint depuis quelques décennies.

La jeune dame, tout émotive, pleine de chagrin et ivre de gratitude s'était tournée vers les souffrances de son sauveur et comme un mauvais esprit au-devant du saint sacrement, elle s'agitait par toute ses forces pour réclamer la vie de son salvateur :

- Réveille-toi ! s'il te plait ne fais pas ça ! réveille-toi ! Je t'en supplie.

En ce moment, une pluie torrentielle frappa sur la région. Le gros chariot ayant reçu des secousses ne pouvait pas supporter la force de la tempête le renversa et laissa le chariot coupé en deux et la femme détachée de son emprise mais réveillée de toutes les cicatrices voilà qui lui fit encore beaucoup de mal qu'elle se laissa tomber sur des plantes herbacées que le bord du sentier entretenait avec une rigueur incomparable. Ses vêtements tout déchiquetés l'avaient laissé quasiment nue qu'on pouvait facilement se rendre compte qu'elle avait un beau corps, un corps que j'eus dire virilisant à ce point que le plus dévoué des moines n'hésiterait pas un seul moment à gouter à la chair, plaise au ciel qu'il n'eut rien ressenti dans sa jeunesse ou son enfance avant son engament de portée sempiternelle.

La tombée de la nuit approchait et tous les deux avaient religieusement gardé leur position, comme si le temps s'était arrêté et le comptage du temps avait cessé, cela dit puisque pendant les moments de disette, la notion de temps devient une petite aventure qui ne trouve forme qu'au rétablissement du moment de joie.

Gaviolli tenta de se relever mais il fit déjà sombre qu'il ne pouvait se permettre d'entretenir quoique ce soit, une peccadille qu'il se permit puisqu'en effet sa vie rustique l'avait initié à une sorte de sadisme que le jour et la nuit était pour lui une vile option. La dame sauvée était tombée dans une léthargie que les doleurs, dont nous ignorions la survenance, avait causé.

Pendant ce temps, il faisait une brillante obscurité dans la sphère qui avait servi d'arène que la noirceur lugubre était un mot mal choisi pour expliquer la sauvage opacité qui y élisait domicile puisqu'en effet, le ciel très nébuleux ce soir-là n'avait pas donné la naissance à la belle lune du fait du climat qui était tendancieux en ce temps-là.

Tout s'était arrêté en cet endroit, les lucioles ne rayonnaient point, les oiseaux ne branchaient point du tout, un silence éloquent avait gagné le terroir jusqu'à l'aube ou des éternuements très féminisés brisèrent le rythme. La dame s'était réveillée et s'assit les deux mains entourant les pieds lesquels pieds retournés sur les cuisses et la tête vivement baissée sur ses genoux. Il fallut que le soleil se lève pour que Gaviolli se réveille tout trempé dans la boue.

Il se leva comme si de rien n'était et eut un regard très magistral sur la femme qu'il avait sauvé :

- Qui es-tu ? grommela-t-il comme un gorille assoiffé.

La jeune dame se leva subitement et fit un pas derrière puisqu'elle était dans l'effroi.

De nouveau, Gaviolli l'interrogea :

- Jeune dame, qui es-tu ?

La jeune dame à l'apparence inhumaine fit un pas en arrière et s'écroula par terre et perdit connaissance profondément. Du moment qu'elle s'était réveillé, elle avait une fièvre violente qui prit sa force jusqu'à ce qu'elle tombait en syncope à l'interrogation de son salvateur. Gaviolli quant à lui dubitatif finit par prendre la jeune dame si courtoisement par la taille et la souleva jusqu'à ses épaules avant de disparaître dans les bois où il tentait de chasser sa proie plusieurs heures avant. Les branchages, il les écartait par sa rude main et courrait très vite jusqu'à ce qu'il atteint son logis et déposa la jeune dame à l'endroit même où il posait habituellement sa tête.

Gaviolli n'était pas une bête sauvage, il avait tout d'humain et des manières qu'il avait glanées méticuleusement pendant une grande partie de sa vie en dehors du rustique. Il avait faim toujours et tombait sur une sorte de nids des couleuvres et pris tous ses œufs et abattit par sa machette qu'il avait gardée soigneusement sur sa taille un gros cerf qu'il portait finalement sur ses épaules et rentra très précipitamment vers son logis pour cuire fabuleusement ce met pour lui et sa compagne. Avant d'arriver chez soi, il restait distrait jusqu'à ce qu'il tombait dans une sorte de piscine sauvage où il prit plaisir à se baigner et laver ses plaies, son toit étant placé aux extrémités de sa piscine porte bonheur. Il devait faire environ midi quand il regagnait son logis et qu'il allumait le feu d'une seule traite et fit une exceptionnelle grillade contournée de l'omelette des couleuvres qui devraient souffrir d'avoir perdu leur prochaine progéniture.

Il préparait en plus un bain chaud pour la dame afin de baisser sa fièvre dans une de ses casseroles flegmatiques. Il réveilla la dame et bandit ses yeux pour qu'il ne vit point l'entièreté du corps de la femme en douleur lequel corps il avait du moins été scruté à moitié du fait de ses multitudes déchirures sur ses vêtements.

Pendant son bain, Gaviolli préparait une espèce de couvert pour qu'il se mit à manger avec sa compagne avec qui curieusement il n'avait pas eu un dialogue à part lui dire ce qu'elle devrait faire.

Le repas servi, la dame plus ou moins apaisée s'assis sur les meubles que Gaviolli avait taillé par ses propres mains et croisant ses jambes, mangeant très timidement et elle regarda à peine son sauveur et l'interrogea :

- Pourquoi fais-tu tout ceci pour moi ?

Gaviolli la regardait un moment, sourit et continua de prendre son plat avec tout engouement.

- Je vous ai pourtant posé une question et ce sourire pourquoi fait-il demeure ici ?
- J'ignore qui vous êtes, ne serait pas honoré d'être mis au courant de l'hôte que j'ai le plaisir d'accueillir chez moi.

- J'ignore complètement qui vous êtes mais sans manquer d'honneur à votre bravoure, je vous prie de bien agréer mes vifs remerciements et en signe de gratitude laissez-moi vous embrasser vos pieds héroïques.

La jeune dame se leva et s'empressa pour embrasser les pieds de Gaviolli qui fut épris d'un étonnement chatouillant car depuis son existence c'était une première fois qu'une femme avait de l'attention sur lui, croyez-moi sans avoir reçu de câlin autrefois Gaviolli avait été excité par ce geste et ne comprenait pas du tout d'où cette culture avait été tirée. Tout hébété, Gaviolli regardait son inconnue comme une étoile filante qui venait de faire un salut tout élogieux au ciel brodé de mille étoiles.

- Je suis Cassandra, une dame d'Ordoxa. Ma famille modeste prend son nom dans la couture des vêtements pour l'intérêt de toute la communauté civilisée et urbaine. Agée de 32 ans je n'ai pas grand-chose derrière mon vécu juste la réputation de ma famille que je porte sur moi comme une étiquette d'un produit dans une maison de commerce.

Gaviolli avait fini de manger et avait poussé son assiette de côté pour mieux écouter Cassandra qu'il fixait violement dans les yeux.

D'une reprise toute obligatoire de son sauveur, elle dit :

- Je vous remercie encore de cet acte héroïque que vous avez placé à mon égard, croyez-moi je vous en serai continuellement reconnaissant jusque dans la progéniture la plus lointaine que je ne connaitrai peut pas mais qui vivra de ce que j'aurais élogieusement dit à ton sujet.

Gaviolli tout flatté reprit de nouveau :

- C'est mon devoir le plus humain que j'eus essayé de mettre fin à tes peines car ne point arrêter le mal est un insigne vivant que le mal a pris racine en vous. Ta vie semblait finir sa course jusqu'à ce que j'intervinsse pour la raviver car elle demeure même quand elle a cessé d'exister.
- Je vous remercie de votre grandeur d'âme mais puisqu'on en parle, qui donc êtes-vous mon cher sauveur et merveilleux hospitalier ?
- Je suis Gaviolli, j'ai quitté les miens après mes études supérieures alors que je trouvai que le monde marchait dans son cercle vicieux, dans un quotidianisme que je trouvai avoir été coupé de liberté et de vraies réponses de la vie dans son entièreté.
- Et donc vous aviez quitté la vie civilisée pour ce rustisme ?
- Il n'existe pas de vie civilisée, chaque vie est rustique pour celui qui ne maîtrise pas ses contournements. Pour moi, vous êtes rustique et je suis civilisé et pour vous vous êtes civilisée et moi je suis rustique.
- Comme je suis émue par votre verve raisonnement bourré d'une logique indéfectible.
- Les honneurs ! les honneurs ! Tout le monde en veut pour tant c'est en fait une obtention qui pour être digne doit avoir été possédé par une procédure acre, un mérite unanime, et un dévouement qui sort en dehors du commun.
- Ce n'est surement pas ce que les contemporanéistes veulent brandir sur la voie publique de toutes les personnes dotées d'une raison permanente.
- Très chère Cassandra, qu'est-ce qui vous est arrivé pour que vous quittiez la noblesse de votre famille couturière jusqu'à vous retrouver toute nue à la merci des scélérats et ceux-là j'appelle rustique c'est-à-dire ceux qui se sont coupés de normes établies.

Cassandra hésita un moment et se mit à pleurer

- Pourquoi pleures-tu jeune dame ? Ai-je été inconvenant à ton égard ? qu'est ce qui t'afflige ainsi ? Reprend ton sourire s'il te plaît.

Cassandra fondit en larmes beaucoup considérablement qu'à certain moment elle semblait porter tout le malheur de tout l'univers sur ses épaules.

- Je ne puis être forte pour tout raconter de peur de voir ma personne ternie dans un immense océan sans espoir de récupération. Elle parlait à peine qu'elle reprit en chaude vivement pitoyable.
- Cassandra, je ne suis pas un homme qui déshonore une femme pour le passé qu'elle a connu, puisque en effet le passé est une image vivante de ce qui a été et non de ce qui est puisque ce qui est voilà qui nous renvoie à ce qui sera. Prends tes forces et raconte-moi ce qui s'est produit pour que tu sois méconnaissable privée de toute humanité pourtant belle comme l'aurore qui s'annonce et très nostalgique comme le crépuscule qui annonce la tombée de la nuit.

Cassandra continuait de pleurer vivement qu'elle se jeta par terre par émotion et Gaviolli qui tentait de la reprendre malgré lui. Elle pleurait des heures durant que Gaviolli malgré son charme d'Adam ne parvint à consoler mais calmait par une mesure toute particulière et toute vibrante.

Quelques heures s'écoulèrent, c'était déjà le soleil qui semblait avoir été croqué par son bas par la gourmandise toute véhémente de hautes montagnes. Le ciel orangé et la nébulosité des nuages résistant à l'éclat du soleil couchant, tout était panoramique. Les arbres alignés comme de prisonniers pour la réception de leur repas, on était à la merci d'un spectacle que personne ne saurait ne pas interpréter tellement était dessiné comme par la main talentueuse de Léonard de Vinci cet homme que le passé a retenu éternel pour présent et le futur et tous les grands artistes de la peinture que l'histoire de l'humanité n'ait jamais connus.

Gaviolli restait tout triste de voir son hôte toute zélé dans l'art de pleurer. Ce n'était pas par complaisance ; cette dame souffrait, cette dame avait vraiment souffert qu'il n'eut pas de mot pour expliquer l'infamie qu'elle a connu que de courir profondément dans les larmes que la nature a données aux être sensibles pour se libérer de tout ce qui les consterne, tout ce qui les afflige. Pleurer est un exercice heureux que l'humanité devrait apprendre pour rire sincèrement après car en effet qui n'a pleuré ne connait la vraie joie.

Pendant que Gaviolli faisait de son mieux pour compatir à un malheur pour lequel il ignorait les fugitifs de l'arène de bois avaient atteint les leur.

C'était pour eux du jamais vu depuis plusieurs décennies car ils appartenaient à ce peuple dont la briganderie avait été le gagne-pain et le sacré point fort de l'initiation des nés mâles de leur région. La barbarie pour eux était une civilisation et le contraire la sauvagerie. Ce n'était pas surement pas leur faute puisqu'en effet en dehors de ce gain facile de vie, il n'avait pas encore essayé de travailler sur autres choses puisqu'en fait le travail et le meilleur libérateur de tout asservissement lorsqu'on y trouve consolation et force de rénover sans leitmotiv quelconque.

Gaviolli avait été perçu comme une légende, une graine blanche dans un désert des graines noires. Curieusement après avoir annoncé courageusement leur défaite et leur mésaventure fini en capote, ils avaient été tous dans l'Etat dont les hommes appelèrent la Mort et à partir de ce moment de comptine furent chantés en mémoire de cet évènement et personne n'ignora les réponds cette comptine qui chantait la défaite et les générations futures étaient contraintes à vivre de ce fait comme un mythe d'un ange aux royaumes que d'ailleurs les régions environnantes avaient porté dans leur chef.

La nuit tomba Gaviolli alluma du feu, atour ils prirent les derniers morceaux et s'endormirent tout paisiblement.

Le rapt de Cassandra

La matinée avait été très prompte qu'on eut cru qu'il y avait seulement quelques heures qui s'étaient écroulées. Les ébats matinaux avaient été le commun de nos deux vaillants qu'on eut cru qu'ils se furent convenus sur ce point. C'était tout différent ce matin-là Cassandra était toute vivante et avait obscurci tout le complexe qu'elle avait à l'égard de son sauveur. Toute gaie, elle pouvait faire le tour de la grotte qu'ils partageaient à deux comme frères et sœurs, l'un auprès de l'autre sans intention de débordement. Pendant un moment de la nuit, Cassandra s'était rapprochée de Gaviolli pour qu'elle eut y puisé de la chaleur masculine que dégageait ce corps.

Gaviolli l'avait fait découvert les beaux pâturages lesquels avaient été pour la grande part splendide, tout resplendissant que l'on aurait cru que c'était sa main qui avait mis à l'œuvre toute cette entreprise car effet, ce fut un panorama d'un naturel fort auquel on ne semblerait avoir ajouté un artificiel d'homme civilisé qu'il eut été avant de courir les normes de la sauvagerie dans laquelle il vivait tout gaiement.

Ils arrivèrent auprès d'une longue et forte, large aussi, falaise où une chute d'eau très puissante conduisait toutes les eaux des nappes aquifères des bois vers le point culminant de chute, le point saillant qui ouvre sur une très longue vallée des arbres de tout genre et dont les horizons, très lointains en tout cas, sont coiffées par de très hautes montagnes **d'un** diamètre très émouvant et surtout d'un volume époustouflant. Selon le constat de Cassandra, ça devrait être des anciens volcans qui se sont éteints des millénaires, peut-être même des années après la création

- Comme c'est émouvant ce coin attractif ! Dis-moi Gavio ! il l'appelait déjà comme ça tout familièrement, entourant son cou de ses bras, n'as-tu pas d'inspiration lorsque tu hantes ce domaine ci ?
- Hanter ! c'est très fort dit peut-être lorsque je donne mon temps à ce domaine.

- Dans les deux conceptions, nous nageons vers les mêmes rivages. Il le rassit par terre et s'assit à son tour.
- Je passe par ce beau lieu, chaque instant que je veux trouver une réponse à mes questionnements, une interrogation à mes actes, une idée sur ce que j'ai à faire.

Gaviolli depuis le premier instant de leur rencontre brulait d'envie de savoir ce qui avait été fait pour que la femme se trouvait ligotée, presqu'assommée et plus encore coupée de ses forces sur un drôle de mobile conduit par des brigands dont la réputation péjorative avait brigué l'histoire des toutes les générations qui précédèrent.

C'étant mit à l'esprit que s'eut été comme on s'introduit dans une mosquée ou une chapelle chrétienne où encore tout le reste d'autres bâtisses de rencontre d'autres religions : pour simplement dire facile, ce qu'elle a vécu mais aussi qu'elle s'expliquât sur ce qui lui avait été fait.

Un moment plein de conversation, Gaviolli mâcha ses maux comme disant certaines choses à quoi il ne pensait pas du tout et Cassandra fut éprise d'attention :

- Gavio, qu'as-tu ? Je ne comprends en rien ton attitude basse et surtout ce que tu veux dire.
- Je suis épris de curiosité Cassandra. Je pense chaque seconde qui passe à ce qui t'était arrivé, à notre première rencontre et je ne me laisse un moment en sursaut sur moi-même. Je dors sans dormir, je me nourris sans me nourrir. Je vis tout simplement comme une marionnette déroutée par cet évènement qui brûlait mon amour que je ressentis dans le fond de mes pectoraux sur les rives de ta scène de persécution.
- Tu m'aimes Gavio ? tout tristement en joie et en étonnement
- Je t'aime Cassandra. Ma pitié pour toi a vite pris forme en Amour et voici une folle passion pour toi. Le contour de ton corps ne me laisse pas indifférent, la douceur de ta peau qui passe sur mon corps enchante ma virilité, ta voix caresse mon âme qu'un moment tout en extase je reste hébété car n'ayant aucun mot pour décrire ce que je sens bruler en moi-même comme un volcan au cratère. Et ton regard m'assomme, je ne crois

point garder mes forces qui s'avéraient être ceux d'un homme de grande maturité.

- Je suis ému Gavio, elle se rapprocha de son front et comme en attente d'un baiser, Gaviolli l'embrassa tout légèrement et la serra contre lui les yeux fermés tout en caressant les bords de son dos en montant et descendant.

Gaviolli était est un homme de grande vertu et de cette révérence. S'il eut été un tout autre homme, il aurait fini les quatre pattes de Cassandra en l'air et son égo plein dans les affaires de la chair.

Ils se rallongèrent à terre et Cassandra demandant à Gaviolli un fruit tout gracieux qu'elle aperçut légèrement derrière eux toujours au bord de la conduite vers la chute.

- Gavio, je vais te dire ce qui s'est passé et promet moi de garder toujours de moi la bonne et même image, une bonne moitié du fruit pleine sa bouche.
- Je ne puis changer mon avis sur toi car le vrai amour est d'un attachement fort que sur base du présent et de ce que projette le futur et non le passé.

Ils se rassirent tous deux, Cassandra la poitrine sur les torses de Gaviolli lequel restait appuyé sur un petit arbre.

L'attention de Gaviolli sur Cassandra devenait de plus en plus ahurissant que nul ne manquerait de raconter son histoire, en plus du fait que le climat autour avait été tellement apaisé qu'un paradis s'était installé dans le coin.

Cassandra prit une bouffée d'air et soupira après quoi levant ses yeux sur Gaviolli, le rabaissant ensuite, elle se mit à raconter ce qui était arrivé.

C'était il y a des semaines, toute travailleuse, j'entretenais notre belle et grande maison. Comme le ménage devant s'entreprendre à l'étage avec beaucoup de soin, je montais un seau d'eau à la main et un torchon avec une espèce de large bâton que je pouvais utiliser pour sortir toutes les toiles d'araignée du haut du plafond garni par des meubles toute neuves et couverts d'un verni très étincelant à la lumière.

Vers les coins, se trouvaient des fenêtres dont les battants étaient toute dorés à ce point que la lumière du soleil frappait intensément sur eux et faisait reluire avec intensité une lumière d'or que tous les passants sur la rue de l'avenue pouvaient avoir au grand jour, très souvent dans les heures qui suivent l'aurore.

Une légère blouse, toute blanche et presque transparente laissant mon corps en souplesse pour mes ménages lais devrait être un cri d'alarmes pour tous les voyeurs qui pouvaient m'apercevoir sur le long de l'avenue qui donnait en face ou disons mieux sur laquelle notre maison se trouvait.

C'était devenu une habitude tous les matins, les mêmes actions : torchonner, épousseter, laver, enlever et faire des vas-et-viens jusqu'à ce point que des spectateurs faisant intention d'être des passants avaient pris l'habitude de m'assister.

Ce n'était pas qu'ils adoraient le ménage, qu'ils entrevoyaient au coin par la fenêtre mais juste qu'ils voulaient tous les matins assouvir leur fantasme en contemplant le nue qui paraissait brulant dans la robe toute transparente que je portais tous les matins.

Comme des bois morts, il y en a qui restaient le regard figé sur moi qu'on eut cru qu'ils eurent un sort pour s'immobiliser sur cette manière. Imbue de moi-même, je faisais encore plus pour les maintenir. Faisant semblant de nettoyer de ces larges fenêtres au-dessus, je levais ma robe dont le fond se voyait déjà, mes cuisses toutes visibles et mon entre-jambe en marche d'être découvert mais sous la protection d'un sous-vêtement opaque. Ces hommes étaient excités tellement excités que je voyais au loin le gonflement des leurs verges dans leurs pantalons.

C'en était des gonflements énormes que je compris qu'ils eurent des expériences sexuelles de tout genre dans leur passé.

Un bon matin, comme l'habitude avait été une sacralité, je finissais mon ménage et prenais soin d'aller expédier des courriels à la poste car c'était à peine que la technologie avait atteint notre région. On en parlait mais on ne palpait cela de nos mains.

Habillée tout descentement comme une femme civilisée, je sortais, une locomotion à ma guise droite vers la poste. Je traversais des lieux et des lieux mais à peine arrivée dans un parc d'attraction alors désert du fait de l'heure qu'il faisait la journée, je pris soin de sortir dans les bois pour me débarrasser car en effet, en ces lieux-là des vespasiennes n'existaient pas, on avait rejeté les façons de faire de cet ancien empereur pour qui les habitants avaient une certaine révérence et devoir de mémoire.

A peine rentrée, je trouvais des gangsters tout barbus, habillés des velours d'une noirceur effrayante et l'un d'entre eux avait pris mon moyen de locomotion à sa guise, les quatre autres au bord de cet engin, tous une arme à la main, qui une massue, qui un pistolet, qui une hampe de baseball, qui un couteau.

- Mademoiselle, venez vers nous ! nous n'allons point vous faire du mal. Approchez !
- Qui êtes-vous, répondais-je ? Que faites-vous dans ma voiture ?
- Oh ! Comme vous êtes furieuses ! de bons amis de route voilà ce que nous sommes.

En ce moment, je tentais de m'approcher véhémentement auprès d'eux et je reçu une baffe impossible jusqu'à ce point qu'évanouie, je me retrouvais à peine déshabillée, couvert sous un drap lourd et bien décoré dans un domaine inconnu.

- Vous êtes réveillée ? Comme je voulais le tant !

Je n'avais plus de voie pour répondre ni de personne pour me relever, près de moi je trouvais une forte boisson d'alcool, fort que je compris avoir bu à mon insu. Leur responsable, celui qui m'adressait la parole avait fait un bref cent pas pendant un bout de temps dans cette pièce poussiéreuse dont le plancher était tout glissant.

Il ôta ses vêtements supérieurs, s'approchant du lit où je m'étais retrouvée couverte, tira le drap légèrement à côté et approcha son visage du mien. Je ne sus d'où une force vint et je le repoussais quoiqu'il refît la même chose et moi autant. Comme frappé d'un esprit qu'il faille satisfaire, il se déshabilla totalement et je voyais sa verge toute rigide avec des poils pubiens très chiches qu'on eut compris qu'il les avait taillés.

D'un mouvement violent, il sauta sur moi, m'ébattant il parvint à glisser sa main dans mon sous-vêtement. Je sentis une chaleur qui frottait mes lèvres et approchait mon clitoris . Je m'étais toujours trouvé en ébat et cela attisait son libido.

Il caressait tout doucement mon clitoris malgré mes ébattements sauvages qu'un moment le plaisir m'atteint et je devenais faible.

Il écarta mes deux jambes sa langue toute humide, il la posa sur mon vagin et se mit à le sucer pendant longtemps et en ce moment-là je gémissais et mon souffle tentait de se couper et une légère sueur apparaissait sur mon front. D'un mouvement inattendu, je sentis son gland caressait les bords de mon vagin. Je pris des forces et je tentais de l'en empêcher. En ce moment, c'était tard, je tombais dans la folie du plaisir que le frottement que sentais à l'intérieur de mon vagin me donnait. Il était tellement fort que trois orgasmes se firent en un coup sans qu'il n'éjaculât. Lorsqu'il arriva au bout, je sentis un liquide très chaud qui frappait le fond de mon vagin alors qu'il suçait mes tétons, il s'effondra. Je compris qu'il était arrivé au bout.

Cela avait été très émouvant qu'en dépit de ma satisfaction j'aurais voulu reprendre cette expérience sans oublier qu'au départ c'était contre mon gré mais comme ce fut un étalon cet homme, je ne trouve aucune femme qui ne puis vouloir reprendre cet élan.

Nous nous endormions tous et je compris en effet que la bonne façon de désillusionner ses malfaiteurs c'est de sembler participer à leurs maux.

Et l'histoire de la vie devrait prendre cela à témoin pour faire perdre des repères à ceux qui semblent vous terroriser. Il en avait été tel pendant cette période où j'avais été enlevé des miens sans que nul ne s'en doutait…

A peine réveillée, ayant trouvé que je n'avais point été hostile, il m'embrasa sur le front et ordonna de me lever car il eut fallu que nous partions. Je n'avais pu imaginer ce qui m'attendait au dehors car la vétusté de la pièce offusquait la vue de quiconque voudrait jeter son dévolu curieux au dehors comme à l'intérieur.

Lui, reconnaissant la fureur avec laquelle il coordonnait ses troupes, il me demandait de sortir en premier car il ne voulait point afficher à sa troupe qu'il eut si peu de cœur pour la victime que j'étais.

Je passais un seul de mes pieds en dehors du seuil de la maison alors qu'ils me giflèrent comme au départ et s'écroulant par terre ils me ligotèrent et m'attachèrent droit sur la sorte de voiture sur laquelle vous m'aviez trouvé lors du sauvetage.

Ils m'abreuvèrent d'un vinaigre tout et si fermenté que je perdis connaissance un moment après quoi je pris connaissance tout ivre de cette boisson dont j'ignorais la provenance de la main.

Mon calvaire avait pris sa forme. Nous traversions des lieux des jours durant et la faim m'avait aussi assommé qu'ils me trouvaient abattue sur moi-même, respirant à peine. C'est alors que mon amant criminel secret avait ordonna de me nourrir. Ce n'eut été facile. Ma peau avait souffert de toutes les intempéries possibles : la pluie torrentielle, la grêle, le vent fort, le soleil accablant, la poussière, les feuilles sur mon visage, les petits insectes volant comme ceux amovibles sur terre. Tout cela avait pris mon corps entier comme royaume de loisir.

Ils avaient été un soir fatigué et dormaient lorsqu'une troupe étrangère se battit très élogieusement contre eux. Je ne sais d'où ils venaient mais c'eut été des arbres qu'ils avaient aussi pris asile et comme cela à la quête de la maîtrise du domaine coupé de la civilisation, selon certains, il aurait fallu éliminer ceux qui avaient été maître des siècles durant sur les lignes de cette ouverture.

Le combat avait été très cruel, ils utilisèrent les armes de tout calibre, les anciens comme les modernes et quelques-uns d'entre les deux troupes crevèrent sur le champ. Après avoir occasionné une criminalité sans nom, le mal contre le mal n'étant pas vraiment un mal puisque c'est la rencontre des espèces de même entendement, la troupe étrangère disparut et laissa celle résistante toute abattue.

Pendant ce temps, je n'avais point été épargné des fléchettes perdues qui déchirèrent mon accoutrement très légèrement et des voyous profitèrent du moment pour caresser mes seins et déchirer ma robe déjà déchiquetée pour s'adonner à mon corps.

D'un temps plus ou moins rationnel, ils reprirent des forces et continuèrent leur chemin avec toute rigueur, sans cœur et très en colère d'avoir perdu des hommes et , moi, étant le moins sur lequel on pouvait avoir de l'attention, je souffrais de la tyrannie qu'il lançait à mon égard car leur moral s'était ternie davantage.

Des journées entières passèrent et une et deux saisons aussi ce fut le rythme continuel des batailles en batailles, des pénuries en pénuries.

Un moment je m'étais mis à l'esprit le risque qu'ils avaient pris pour m'arracher des miens. Derrières ces soubresauts, je ne trouvais point la raison pour laquelle ils se seraient acharnés pour me râper. Quoiqu'il eut été pour des raisons pécuniaires, leurs sacrifices incommensurables ne seraient pas à la hauteur d'être valorisé sous aucun chiffre du fait des limites ayant dépassés les bornes. Peut-être, je me disais qu'il agirait des sacrifices humains en guise d'obtention de l'immortalité car, en effet, en ces temps-là des hommes mouraient, disparaissaient et comme tout le monde craignait de disparaître, c'est tout le monde qui faisait l'impossible pour gagner la vie sans fin et cela au risque des prix. En faveur de cette immortalité, il y avait des rites à accomplir car on ne pouvait avoir cet avantage comme on prend une bouffée d'air.

Du coup, cet intérêt ne serait motivé ex nihilo. Dans les régions d'où ils venaient ceux qui avaient disparu revenaient sous une autre forme mais du reste spirituel. Ils pouvaient s'emparer des animaux, de tous petits et plus qu'encore se véhiculer au travers le climat comme le vent, la pluie et les tornades.

Un soir alors qu'ils s'esclaffaient, toujours attachée, un d'entre eux racontaient combien un homme décapité par la calomnie de vol s'était révolté. Il criait la tête toujours coupée que le mal qu'on lui avait fait sera payé coûte que coûte. Cette tête coupée avait pris silence et le soir alors qu'un orage violent gagnait la région, on réentendit sa voix qui criait au travers l'orage sous le même sujet, on sentait aussi qu'il forçait d'être là car en fait, ils devaient rejoindre les autres morts mais la colère de la calomnie l'avait contraint à rentrer s'exprimer mais ou ne pouvait ni le voir, ni le toucher seulement l'écouter dans toute sa fureur et dans la frénésie de sa voix qui appelait une humeur lugubre comme si le diable parlait à l'humanité. Pendant ces moments, c'est des verts violents qui frappaient sur les portails de grosses clôtures, des maisons, des fermes de ceux-là qui les avaient persécutés, un quotidien vespéral qui duraient des semaines avant qu'il ne disparût.

A l'égard de tout cela, l'on comprit que les morts ont un domaine tout particulier que l'on ne visite qu'à l'arrêt du cœur. Une vie tout étrange qui ne lie en rien avec ceux qui sont vivants. Est-ce un déport ? ou simplement une autre existence ? Ces questionnements ne revenaient à l'esprit mais hélas, ce n'eut été important car nos chers criminels courraient derrière la vie sempiternelle. C'est alors que sur ma route toute désespérée de voir combien cela durait des temps que ma situation se dérapait, je me mis à crier au secours dans l'espoir qu'un changement adviendrait.

C'est ainsi que je sentis un bruit étranger sur le sol et je te vis sans savoir ce que tu allais faire. Ma souffrance ayant été toute perturbante, je te découvrais sans aucun espoir, sans aucune attente salvatrice qui proviendrait de toi car la fureur dans laquelle ces hommes avaient passés de longs moments, des dures épreuves avaient été pour eux comme une sorte d'apprentissage que les vaincre devraient paraître comme un sacrifice dont on ne dira pas le nom.

- Voilà donc ce qui m'était arrivé. Voilà le fond de la curiosité que tu as voulu étancher. Tout est tel, dit Cassandra.

Gaviolli prit du temps pour accueillir cette histoire qui semblait le tourmenter déjà. Il n'en revenait pas. Il était tout dévoué à garder sa réaction que son visage se renfrognait et des rides toutes naturelles apparurent avec des épaisseurs palpitantes. Il avait été consterné dans son amour propre.

Cette nuit passait si difficilement mais arrivait à son bout, d'une matinée toute attrayante Gaviolli reprit son humeur et sans savoir d'où sa vie provenait ou je dirais d'où son train de vie portait forme. Il s'était approché de Cassandra et lui donnait ses forces et beaucoup d'espoir pour elle, il le lui oignait.

Cette journée avait été le tremplin pour tout le reste des temps qui devaient suivre, ils s'étaient mis ensemble planifiant de nouveau leur vie commune et comme si cela ne suffisait pas, ils avaient mis au point une défensive très rigoureuse que personne ne devait vaincre puisqu'en effet, des jours durant, ils les passaient dans la préparation, la rigueur et des exercices de tout genre. C'était par moment des exercices de rampement par moment des sauts de tout genre car en effet, ce n'eut été la bravoure qui les conduisait mais plutôt la belle expérience qui les avaient conçus en un roc de pierre où tout devait s'ériger en une grande muraille. Il en était ainsi.

Dans la fraicheur vespérale, ils étaient chacun profitant du beau temps de la nature lorsqu'un incident se produisit, une nouvelle attaque des assaillants parvint sans que personne ne s'en rendait compte et d'un tout de go, toutes les techniques en place, ils le mettaient au point et c'était la plus belle maîtrise d'éloigner au loin ces malfrats qui tentaient de terroriser ces beaux lieux.

Cette réputation les avait précédés que nul n'ignorait ce que le fond des évènements véhiculait. En effet, c'était la belle gloire d'assauts en assauts qui suivaient la suite des évènements.

Ils avaient pour ce faire gagné plusieurs des batailles que beaucoup d'entre eux avaient popularisé l'avènement de leur réussite et de leur progrès.

La montée en Gloire

Les jours suivirent dans un rythme très dévoué de gloire en gloire. Ce n'eut été simple car la bravoure donne des prix que l'humanité loue pour toujours.

Ces exploits étaient parvenus au duc de la contrée où se trouvait la zone rouge suivant un édit qui devrait les aider à sortir de ce toit naturel vers un toit plus humain et moderne, pas pour le repos seulement mais pour des travaux à la cour en honneur de ses grands services rendus à la contrée.

Le duc prit soin de demander une équipe pour le chercher et c'en fut ainsi.

Dans la voiture au retour vers les domaines du duc, des questionnements se passèrent dans le chef de Cassandra sur l'impression qu'auraient ses siens sur elle car en effet ils n'avaient pas été au courant de ce qui s'était passé en dépit de leurs recherches qu'ils avaient mis au point dans toute la rigueur pour la retrouver.

La n'était pas l'important puisqu'en vérité, le plus fort était ces nouveaux loyaux services qu'ils accompliraient pour le grand peuple en fonction de ce qu'ils avaient déjà fait.

- Je trouve une joie sans mesure à ce nouveau prestige que notre rencontre fortuite a occasionné. L'une des closes à faire en premier c'est de rencontrer les miens, leur parler de ma promotion et des circonstances sans beaucoup de détails afin de ne pas les chagriner. Voilà donc la procédure que je trouve meilleure. Du coup, je ne manquerai pas de te présenter les nôtres, désormais, du fait de la grandeur d'âme que tu as manifesté sur mon chemin périlleux et en y sortant vainqueur tu as changé le cours de mon existence très cher Gaviolli.
- Je ne trouve des raisons pour ne pas me rapetisser de ces compliments qui me parviennent droit au cœur comme des éloges de tout calibre, de toute forme et surtout de grand attachement. Simplement, je me rallierai à cette compréhension dans l'idée que c'est la force de la bravoure qui m'a conduit sur les lignes de ta rescousse et de là, la grande promotion ne serait que la résultante des efforts fournis ensemble pour le salut de notre contrée.

A ces mots, du moment que la voiture avançait, c'est un léger sommeil qui les enveloppait, ils s'endormirent tous et dans son léger sommeil, Gaviolli revit les images de sa rencontre avec Cassandra et sans que cela dépende de lui, il revit une histoire élogieuse qui l'attendait et une fin non loin du tragique qui l'enveloppait dans cet avènement alors que ces bourreaux tentaient de l'assommer. Il sursauta et comme tout étonné, ils se turent en même temps, la région envoisinant la ville étant vu au loin à l'horizon.

Le voyage était tout de même heureux et le long de la route, la nature était toute belle qu'elle frappait sur le visage d'entre eux et de la troupe qui s'était rendu les chercher. On n'aurait jamais imaginé dans le temps mener un trajet tel celui-là dans toute la quiétude ou encore dans la continuité.

Les gardiens qui avaient été à leur escorte ne se doutaien t point de la grandeur de ceux qu'ils transportaient et voilà pourquoi à tout moment ils lançaient des œillades pour les apprécier et les admirer comme il se devait.

Ils étaient arrivés en ville, le cœur gai d'avoir rencontré les siens. Sans tarder Cassandra prit le courage de se rendre voir ses proches. Ses pas devenaient si lourd, il n'avait pas l'idée de quelle manière elle devait mener tout le reste. En elle beaucoup d'idée tournaient autour de comment les aborder. Très vite, elle atteint le toit de chez elle. Au pied de la grande bâtisse en bois de forêt, elle revit les images dans le temps de ses admirateurs qui passaient de longues matinées à lorgner longuement sur elle. D'un revers la main, elle fit mention de se débarbouiller et approcha droit sur le seuil de la porte ou un bouton en cylindre pointait et devait être une espèce de sonnette pour s'introduire dans la maison. Elle devait le trouver étranger car en effet, c'est très rarement qu'elle usait de cette technique surtout qu'en ce moment c'est comme une visiteuse qu'elle s'annonçait. Par un bruit de déverrouillage, la porte laissait un drôle de bruit et s'ouvrit. Dans toute la curiosité c'était son jeune frère qui l'approchait tout joyeux de revoir sa sœur. D'un geste trop acrobatique, Cassandra se jeta sur la poitrine de son frère et sans qu'elle n'eut gardé sur ses pas, il tomba avec elle sur sa poitrine.

C'était toute la joie du monde qui les enveloppait et dans une quiétude leurrée sur la joie, ils s'assirent dans un salon très épanoui et desquels les meubles taillés sur mesure offrent un panorama très ovale qui laisse à tous d'en profiter.

Pendant ces temps, toute la famille avait pris des dispositions pour venir vers elle et d'accolades en accolades, ils s'approchèrent d'elle avec un sens dévoué de l'amour.

Tous hébétés après avoir écouté, l'histoire de son rapt dans les détails compréhensifs c'est-à-dire les détails qui ne devraient choquer leur attention et détourner les honneurs qui leur étaient rendus.

On avait point trouvé des raisons pour lesquelles Gaviolli avait du reste aidé Cassandra à sortir du gouffre. Les siens de Cassandra avaient violentemment trouvé de l'intérêt à rencontrer le salvateur de leur fille pour lui blottir de tous les mérites possibles afin de le remercier de cet acte de sagesse et d'amour qu'il avait accompli.

Quelques jours passés en famille, Cassandra rejoignit la cour pour des entretiens probants sur le déroulement des travaux tel qu'ils devraient commencer à se produire.

Gaviolli avait pars soin de parler au roi de la situation périlleuse dans laquelle ils se trouvaient et des enjeux qui devaient mettre à niveau l'ordre et la sécurité dans cette contrée.

Cassandra arriva donc sous la pluie et les gardiens de la muraille la firent entrer du fait de l'ordre donné en avance pour sa réception. C'était au moment du diner qu'elle foula de ses pieds, dans les lignes de la cour et sans désemparer, elle fut introduite dans la salle à manger où le roi et ses convives prenaient déjà part.

- Approchez jeune dame, la réputation de ta bravoure t'a précédé viens prendre part à notre festin dit le roi.

D'un signe d'humilité, Cassandra acquiesçait et tout le reste des convives acclamait par des signes d'honneur et de gloire pour non seulement Cassandra qui arrivait mais aussi pour Gaviolli qui siégeait déjà à la table du Roi.

- En ce soir, je lève ce toast pour la bonté et la grandeur de tous les initiés, spécialement pour nos deux hôtes avec lesquels nous aurons des exploits intenses à accomplir et bien encore des idéaux à mettre sur pied. Ce comment n'est pas seulement un affront de réjouissance mais plutôt une mise au point sur les valeurs que notre lutte va devoir porter, le fond sur une échelle de valeur où la cadence est plus forte.

Ils applaudirent tous après quoi il rajouta.

- Buvons et mangeons en honneur de nos convives.

Ils applaudirent de nouveau.

Le buffet avait été prêt et chacun d'entre eux se servaient déjà. Le diner avait pris plus de temps, ce jour-là car ils s'étaient gavé de nourriture savoureuse de toute sorte à ce point que personne ne penser refaire ses ouailles quotidiennes d'après le repas.

Trop tard dans la nuit, le roi s'éclipsa avec ces hôtes de marque avec qui ils eurent une conversation sérieuse sur le dévolu de leur responsabilité. Cela prit un quart-time après quoi il se séparèrent.

Chap.3 La vie à la cour

I.

Une vie nouvelle avait pris forme à la cour. C'était dans la joie qu'ils s'étaient installé dans leurs appartements. L'odeur dont exhalait leurs appartements les mettraient dans un Etat où ils songeaient tout particulièrement à la bourgeoisie. L'on trouvait toute sorte de lampadaires dans ces appartements qui étaient d'une beauté sans nom, la vue sur la ville était splendide qu'on pouvait l'entrevoir dans un donjon tout panoramique c'était en effet dans les domaines du roi que toute cette vision pouvait être possible. Les maisons parsemées de part et d'autre dans un ordre approximatif du labyrinthe avaient dans leurs majorités des toitures colorées en jaune avec des briques envoisinant la couleur du rouge fondu dans l'obscure. Elle se rangeaient du coup en labyrinthe. Les pavées sur terre formées de gros cailloux et toute ovales donnaient aux rues une vision toute urbanistique que l'on voudrait passer une bonne promenade prenant tout assidument une bouffée d'air dans le calme possible et le plus envisageable.

C'était tel car en effet, tout nouveau, tout parfait. Les premières impressions sont souvent attraillantes que l'on s'y perd quand on découvre l'envers du décor de certains des aspects.

Pour tout dire, c'était une vérité éclatante que de dire que leurs débuts en ces domaines étaient très beaux. On les gavait des nourritures savoureuses de tout genre, de soins de base et ceux-là supérieures à la merci de tout ce qu'ils voudraient. C'était donc un début pour eux d'approcher à la bonne vie, au carrefour de bonnes aptitudes et de bonnes vies et mœurs sans que cela ne gêne tout naturellement leur train de vie. Les premiers débuts avaient été tout gâté. On ne pouvait comprendre les raisons pour lesquelles ils s'y étaient donné mais en effet, c'était par soucis de virer dans un nouveau modus vivendi où tout passerait bien et cela fut l'une de raisons, semble-t-il de cet attrait à ce bonheur nouvellement en place.

Dans un élan presque proche du brutale, les premières taches devenaient tenaces. L'on trouvait dans la cité royale un voleur dont les jours avaient pris forme dans cette activité dont le fond avait pris forme de travail. Cet homme d'une trentaine d'année avait été pris en flagrant délit dans les domaines des financiers.

Tout viril de par sa stature physique et ses favoris corporels sur les torses et es pieds, Bolica avait dans son actif mis au point un actif dont le nombre de vols avait égalé 10 milles bien précieux en orfèvrerie, 13 milles en bien vivre et 3 milles en agression de tout genre et bien plus sexuelle. C'était un étalon de renom car sa beauté physique prenait force d'une manière rigoureuse que personne de la gent féminine aurait de quoi tenir à son charme et à sa ténacité de fondre à leur libido.

La cour était en place et c'est avec la merci de Gaviolli et Cassandra que cet homme avait été pris. Et d'une voie de fureur, Gaviolli pris parole après la permission du Roi.

- Seigneur ! nous fûmes terrassés de force lorsque les victimes des crimes prenaient forme des vociférations dans les rues de grandes sellettes. C'était par une inadvertance toute rigoureuse, qu'il semit un carnage dans nos rues. L'on vivait dans toute la quiétude lorsque cet hôte du malheur perturbait nos ferveurs de joie. Qui ignore les blessures qui ont été créé par ces hommes, ces femmes et ces enfants ? C'est d'une folie sans vision qu'il s'agirait de rendre à profit son acquittement. Car le mal impuni est une raison suffisante pour délinquer. Pour autant que nous aspirions au bonheur cette cité bénir, nous ne pourrions donc que le courber sous le joug de la peine que nos vivantes traditions ont mise en place depuis des temps immémoriaux.

Il cessa de parler si précipitamment que toutes les personnes dans le carré de la salle où tout le monde avait pris place se fourvoya dans l'étonnement, l'exacerbation et plus encore dans le désir de l'appuyer.

Pendant ce moment, Cassandra c'était approché du Roi auprès de qui il soufflait à l'oreille de prendre en considération ce que Gaviolli avait dit puisqu'en effet ils avaient peiné tous ensemble pour en arriver à ces résultats qui étaient du reste escomptés.

D'un espace de temps plus ou moins acceptable, le roi prit parole à son tour pour donner une vision décisive sur le différend qui lui était parvenu.

- J'éprouve de la pitié pour toutes les victimes qui se sont présentés à nous et dont les blessures sont tellement inouïes que chaque jour qui passe, ils viennent jusqu'à nous. Sans procéder à de multiples procédés rhétoriques partant de ce que la tradition exige et met à profit pour l'intérêt de tout le monde. Je postule pour l'emprisonnement ferme de ces malfrats avec des procédés très rigoureux sur son mode de vie.

L'audience était tellement silencieuse à ces dires que d'un geste brut le condamné s'agenouilla et se mit à vociférer de douleur et de chagrin de se voir appelé au supplice pour les gestes qu'il aurait commis d'une manière très maladroite et cela dans l'oubli de tout altruisme.

Les gardiens le conduisirent vers son nouveau lieu de résidence où il passa le restant de ses jours et la paix dans le cœur des victimes fut restaurée et des jours durant ils célébrèrent cet évènement que la contrée salua avec la plus grande instance que le monde n'ait jamais connue.

II.

Des jours et des nuits passèrent et les hôtes installés prirent de l'ascension dans le cœur des habitants et de toute la cour entière. Ils avaient sur le fait réaliser beaucoup de prouesse que parler du bonheur se serait en d'autres termes que parler d'eux même : Gaviolli et Cassandra.

Dans le silence de leurs grandes réalisation, Gaviolli avait succombé sous la bravoure de Cassandra, il était tombé amoureux de cette force d'âme qu'à un certain niveau il se limitait çà la vertu. Les temps passèrent jusqu'à ce point qu'il tomba amoureux de la personne en question et prêt à tout donner, il offrit de son temps un beau soir dans les prairies toute en pelouse dûment coiffée par des machines techniquement outillées. Ils s'assirent tous sur des banquettes et le vent le frappant sur le flanc de leurs visages, ils étaient heureux de se rappeler les évènements qu'ils avaient passé ensemble jusque-là.

D'une main toute tendre, il saisit la main de Cassandra, les yeux rivés sur son visage, il souriait après quoi il prononça ces paroles qui allaient ouvrir à une nouvelle vie plus approfondie et surtout très rigoureuse dans le sens de leur union.

- Tu étais une femme mutilée lorsque je te rencontrais. Les premiers instants de notre rencontre ont été plus humanitaire qu'amoureux. Maintenant que je trouve mon cœur plus ouvert, je te prie Cassandra, pour tout l'amour que j'ai pour toi avec la grandeur de l'affection que je ressens pour toi à bien vouloir accepter que je te prenne en mariage. Je te veux devenir la mère de mes enfants, la femme de ma vie et éternellement la reine de mon cœur. Cela pour que nos vies durent ensemble à tout jamais dans l'espoir de nous fortifier maintenant et à tout jamais.

Cassandra était vraiment hébétée et sur le champ, elle devint toute petite dans sa culotte tellement on l'avait embaumée des compliments tout vrai qui l'avait touché dans le plus profond de son cœur. Elle ne pouvait jamais s'imaginer qu'en dépit des méandres qui lui étaient arrivés, un homme pouvait l'aimer aussi profondément et d'une manière la plus vrai, la chérir tout considérablement.

Ce sentiment avait été for pour elle qu'elle se mit à pleurer d'étonnement et de joie. Elle e fit encore davantage qu'un moment elle semblait tomber sur les pieds pour continuer aisément à pleure. Elle finit par s'apaiser et prit la parole en ces termes :

- Je suis tout profondément touché de la verve intrinsèque des paroles que tu me donnes et me lances car en effet la grandeur d'âme que tu affiches mérite tous les honneurs possibles dont on ne dira pas le nom. Ce n'est pas seulement un discours affectif mais derrière cette franchise, je trouve plutôt un cœur très aimant et si élogieusement fait pour garder mon existence en paix.

Elle finissait à peine de dire cela, qu'elle l'embrassait fortement et comme la nature toujours jalouse, un fort éclair se lança et les cieux qui grommelaient pour annoncer une forte pluie. Face à cette précipitation qui tombait dru, ils coururent s'abriter dans le coin et sous l'effet du froid ils s'embrassèrent si amoureusement que tous finirent par en être satisfait. La semaine qui suivit, ils s'épousèrent la cour royale et les convives en provenance des endroits très lointains étaient aussi présent. L'Assemblée toute pieuse vivait le plus beau moment de ces héros qui avaient déjà inscrit dans le plus profond de leur cœur la grandeur de leurs âmes, leurs forces salvatrices et la bonté de leur cœur. Ils applaudirent vivement lorsque le doyen en charge du spirituel les consacra Mari et Femme. Il devait faire 4 heure du soir lorsque cette cérémonie prit fin et qu'ils se rendirent en plein lieu pour le boire et le manger, une dernière étape qui caressait leur cœur jusqu'à l'aube qui ouvrait au jour suivant.

Les époux quittèrent ce lui et se rendirent en d'autres lieux où ils avaient pris un domicile nouveau, bien outillé, toute bourgeoise et pleins d'objets luxueux car ils avaient désormais le rang de ceux du sang royal. Cette matinée devait être un temps pour le repos car ils avaient pris réjouissance toute la nuit mais il n'était pas tel car c'était une occasion de découvrir leur intimité.

Gaviolli en rustre excité la déshabilla, l'embrassa sur toutes les parties de son corps et coucha longuement avec elle et ce fut ainsi que leur vie conjugale d'époux à épouse prit ses forces dans tout son caractère très héroïque qu'il vendait déjà à l'image du peuple entier.

III.

La vie normale avait gagné l'humeur de la cité royale qu'un bon soir l'on entendit des bruits provenant de toute part. c'était comme une tornade, un tourbillon qui aspirait la poussière du sol vers le ciel et des éclairs très frustrant se lançaient tout vivement que la cité entière restait dans l'effroi. L'on eut point imaginer d'où ces bruits devraient prendre leur source. Cela dura des heures que le roi fit appeler Gaviolli et le doyen en charge du spirituel Serenus pour qu'ils trouvent des solutions ou du moins qu'ils interprètent les raisons de cet évènement qui sortaient en dehors du commun. Ils étaient deux Serenus et Gaviolli dans la grande bibliothèque pour trouver s'il y aurait une relation avec les temps passés. C'était en effet la bibliothèque la plus veille de toutes qui étaient sur terre.

Toutes les histoires des civilisations étaient en place en ces lieux. Serenus trouvait des heures après une relation avec une veille histoire de la très ancienne couronne qui passa son ère à exterminer toutes les sauvageries qui tentaient de perturber son avènement. Ce fut le cas des sorciers, des voleurs, des assassins et une série de beaucoup de mots qui furent éradiqués. Malheureusement à attaquer le mal on finit par être attaqué par le mal. Le roi de ce temps enfla son cercle d'ennemies qu'il parvint à décimer toutes les particules gênantes jusqu'à la dernière mouche. Ces âmes étaient parties loin de la ville mais avaient gardé rancune contre la supposé turbulence de ce roi Honorius qui les avaient rejetés très loin dans l'abîme où ils murirent leur vengeance et la colère non seulement contre Honorius mais aussi contre le peuple qu'il gouvernait. Cela faisait désormais des millénaires que le rejet avait eu lieu. Ils prirent donc leurs forces dans un lieu que l'on nommait géhenne où nuit et jours souffrant des forfaits qu'ils avaient commis, ils commencèrent à prendre des conventions avec le maître du lieu pour rentrer venger leurs rejets.

La ville Ordoxa était donc dans la panique. Les rideaux des temples s'étaient déchirés, l'obscurité avait élu domicile dans la ville et le froid avait pris ses forces à ce point que personne n'osait quitter de son toit, qu'il soit de la bourgeoisie ou de la pauvreté. Des tremblements des terres se faisaient sentir de tous les coins de Ordoxa et en plein midi le soleil avait cessé d'éclairer le monde. La risée du siècle était au point car en effet la majestueuse ville connaissait désormais son temps fort, de son renom à être la prestigieuse du monde, l'on osait imaginer qu'elle allait s'affaisser sur le champ et perdre sa valeur héroïque que des années sans fin ont chanté avec fougue.

Le premier jour une peste se lança dans toute la ville, l'on diagnostiqua de milliers des cas, les meilleurs médecins de Ordoxa firent de leur mieux mais n'en sauva qu'une petite centaine. Ce fut des malades qui se rangeaient en file indienne comme si l'on se rendait recevoir son petit déjeuné dans une prison. Ils étaient de tout âge. Des pauvres, des riches, des noirs, des blancs, des jaunes et des rouges, tous les âges confondus et toutes les moralités confondues. L'heure de la disette avait ouvert son fort. Cela en était toujours difficile puisque la nature avait aussi cessé de faire son devoir : Les jours et les nuits n'avaient plus rien de différent, tout était restait sombre ; ni la lune, ni les étoiles ni le soleil même pas les nuages étaient visible. C'était comme un gros obscure qui plainait au-dessus des habitants de Ordoxa et qui n'inspirait que de la pitié et de la frayeur de voir le cycle de la nature changée en un brusque mouvement.

Pendant ces temps, Cassandra ne put rien faire pour aider son homme qui se démenait de part et d'autres pour maintenir l'équilibre de la cité sur ordre du Roi car en effet, cela faisait déjà quelque mois qu'elle attendait une naissance d'un fils selon l'échographie antique mise en place par les médecins de ce temps-là. Elle avait donc été mis en quarantaine avec d'autres femmes très loin pour qu'elles ne connurent point une quelconque contamination. Aux côtés de ces femmes enceintes, des enfants assis autour de ces femmes pour qu'ils soient consolés en cette période où le ciel était tombé sur leur tête.

Les premières fosses communes finirent par être creusées car le nombre des morts montaient en chiffre chaque jour qui passait. On les enterra en dehors de la ville où sur chaque fosse les noms des disparus avaient été placés sur un écriteau en honneur à leur existence. Ce fut des pleurs qui suivirent mais à force d'avoir peur de ce que la nature devenait, la mort paressait désormais comme un départ vers le repos du bonheur puisqu'en en effet qu'on l'eu dit ou pas, il n'est pas d'hommes qui résisterait à cette faiblesse naturellement que la vengeance a dû mettre au point : aucun homme duquel le sang coule dans les veines ne craindrait ce qui se passait, qu'il eut été de l'époque des ancêtres ou simplement des très anciennes époques.

La situation se désagrégea très considérablement que les mois qui suivirent en plus de la peste ce fut des fortes pluies diluviennes frappèrent sur la ville avec des orges très violents. La nature n'avait pas encore pris sa forme habituelle et la peste n'avait pas encore disparu du tout. Les pluies créèrent une sorte d'eaux tellement la terre avait bouché toutes les conduites d'eau et d'heure en heure, les eaux ne pouvaient que monter en volume à ce point que tous les habitants montèrent au-dessus dans les tours car en effet Ordoxa était élogieusement construite qu'il y avait plusieurs tours autour qui pouvaient abriter plus de 10 milles habitants.

Gaviolli avait pris les commandes de l'armée et c'est avec ses troupes qu'ils conduisirent pour accéder à ces installations car elles étaient toute exceptionnelles et tellement rares qu'elle ne servait uniquement qu'en cas de péril en la demeure. Le peuple en dépit des montées et descentes ne cessaient d'admirer la force des hommes de l'armée sous la conduite de Gaviolli qui était comme le roi mais qui œuvrait suivant les ordres du roi qui avait rejoint les femmes et les enfants car ils avaient passé presqu'un mois sans sommeiller que ses cernes devinrent toutes lourds et les nerfs cervicaux furent en parti endommagé en foi de qui il lui aurait fallu un repos tout considérable et surtout très prenant.

Le peuple était profondément installé qu'il fallut encore un mois pour que ces pluies prirent fin que l'incapacité de descendre sur la terre ferme devint une incapacité majeure pour laquelle il fallait trouver des solutions.

Serenus était comme oublié pendant ces temps mais lorsque les eaux commencèrent à perdre le volume, Serenus convoqua ses devins et trouvèrent un stratagème pour apaiser ces esprits qui étaient à aller jusqu'à très loin. Il fallait immoler vive sous le feu une jeune veuve afin de permettre à ce que les esprits en vengeance réduisent de leur fureur mais il était à comprendre qu'il n'avait pas procédé ainsi le plus car les esprits recommandaient la tête du roi en exercice. Un fait impossible qu'il devait cautionner car le roi n'avait aucune descendance et n'avait préparé personne pour cette issu.

Dans la salle supérieure de conseil, alors que tous les dignitaires s'étaient réunis pour tabler sur la question du royaume qui devenait de plus en plus en berne, Serenus prit parole

- Il n'est point de nouveau à vous dire, très noble personnalité ! les temps sont crus ! Nous avons perdu beaucoup de nôtres et cela ne serait en rien une occasion pour nous appeler à baisser les bras car nos enfants souffrent, nos femmes gémissent et nos pères et mères sont pour la majorité parti dans l'au-delà et d'autres n'attendent que le moment pour qu'ils trépassent. Sur le fait, nous devons trouver une solution pas une qui va rester toute brillante dans l'histoire de la rhétorique mais une qui va transcender tous les ordres de la praxis et plus encore tous les ordres de la compréhension humaine car en effet l'heure est grave et les esprits de millénaires passés hantent notre existence par soucis de vengeance. Seulement deux maux ont déjà été lancé et nous avons perdu plus de la moitié de notre peuple. Une moitié que nous ne pouvons tolérer de se reproduire sinon notre peuple va connaître sa fin. Et personne ne parlera de nous aux autres êtres à part le fait constater nos ossements, plaise au ciel qu'ils eurent à exister encore.

La salle était froide mais ils ne s'empêchèrent pas d'applaudir avec perspicacité pour l'encourager à continuer à marcher suivant cette longueur d'onde qu'il semblait déjà proposé pour ces maux disparaissent.

Sans désemparer, Gaviolli prit ses forces dans cette assemblée qu'il avait déjà pris en sa responsabilité.

- Majestueux Serenus, nous sommes profondément accablés des personnes que nous avons déjà perdues jusque-là cependant nous voudrions aller droit au but trouver une solution avant que le pire n'arrive comme vous l'auriez souligné. Par quel aise sera-t-il possible de nous sortir de ses entrailles si putréfiantes et nauséabondes dans lesquelles nous nous trouvons leurré comme par magie et cela d'une manière étrange.

Serenus reprit :

- Noble Gaviolli, tout le peuple chante l'ardeur que tu mets à son profit sous la conduite du Roi. Les esprits recommandèrent la tête du roi et...

Il ne finit point sa phrase et d'une voix toute en colère, ils crièrent en se levant :

- Abomination ! abomination ! abomination !

A Serenus de reprendre après un petit calme, avec une colère et mélancolie à son tour :

- Peuple d'Ordoxa ! peuple d'Ordoxa ! vous êtes d'un brouhaha incomparable et cela m'étonne. Des vies sont en dangers ! des vies ont été perdu. Dans la force de notre art divinatoire, les esprits ont recommandé jusqu'à immoler une jeune vierge pour calme leurs colères en attendant que la tête du roi ne soit lancée. Et comme nous ne pouvons donner notre roi, nous devons trouver une vierge mais laquelle ? Une femme toute pure, celle qui n'a point encore connu d'hommes pour qu'elle calme ces esprits car le seul moyen de les vaincre c'est de les calmer après quoi nos vaillants peuvent se rendre dans leur domaine, les exterminer à fond pour que notre royaume retrouve sa force.

Une petite vierge avait été trouvé. Elle était âgée de 12 lorsqu'on la ligota toujours en ces résidences supérieures et là on l'immola et toutes les eaux séchèrent et la terre ferme reprit sa dureté et du coup le peuple redescendit et comme par hasard la lumière revint et le peuple atrophié par l'absence de la lumière eut du mal à revoir la lumière voilà qui prit encore du temps pour qu'il s'y habitue et c'en était ainsi.

Au sortir de ces résidences supérieures, la famine les accabla tellement ils étaient nombreux et surtout que toutes les provisions avaient été détruites par les eaux. Ce fut le troisième mal.

Ce mal dérangea la population qu'un moment l'armée de Gaviolli sorti au-delà du royaume pour trouver des provisions sauvages et voilà qui les aida à s'en sortir le plus vivement possible.

Une certaine paix c'était installé mais le roi devint moribond et perdit complètement connaissance si irrémédiablement et mourut.

Le peuple le deuil plus honorable que le monde n'ait jamais connu et pleura la disparition de cet homme qui avait servi jusqu'à la dernière minute son peuple.

IV.

Le deuil prit énormément du temps tellement il fallait trouver qui remplacer cette notabilité mais personne n'était présent pour être à la hauteur dans toute la lignée sacrée du roi. Face à cela, le peuple se mit en colère de voir que le roi était parti alors qu'une immolation avait été faite, encore faut-il comprendre l'immolation d'une jeune fille tant aimée par son peuple.

C'est alors que le légat du peuple rencontra le conseil que Gaviolli dirigea déjà et lui exhorta de se venger à son tour à rejoindre leurs domaines pour qu'ils s'y bâtirent tous et cela sans relâche.

Le légat c'était donc exprimé en ces termes :

- Très noble assemblée, les esprits ont abusé de notre confiance et voici que nous sommes perdants. Au lieu de jouer la carte à l'angélique nous devons être si belliqueux afin d'être rétabli dans nos droits et qu'à ce sujet, un terme soit mis au point dans toute sa force.

Sans passer du temps, Gaviolli prit parole :

- Je me porte garant pour aller sauver toutes les âmes qui restent et ce sera la façon la plus honorable pour penser toutes les plaies issues des douleurs de nos frères qui ont perdu les leur. Je serais accompagné de la troupe la plus élogieuse du royaume et jusqu'à ce que nous y arrivons, nous bataillerons pour notre peuple qui est appelé à reprendre sa joie.

Dans la foule se trouvait un fanatique de Gaviolli qui osa lever sa voix pour s'exprimer :

- Seigneur Gaviolli, vous êtes le dernier espoir de notre gens. Si vous partez qui assurera la relève de notre cité : en cette brillante armée, à ces actes les plus héroïques que vous avez accompli et dont on ne peut pas savoir dénombrer tellement vos exploits sont légions et la louange que le peuple vous fait est incommensurable. Et votre femme Seigneur ! elle est enceinte. Elle attend un fils, peut-être l'essor de notre royaume d'autant plus que notre roi a pris son temps vers l'au-delà.

Des chuchotements élisent domicile en ce moment même où ils parlaient et les sages assis tous autour de Gaviolli hochaient la tête comme pour approuver à moitié ce que le fanatique disait.

Gaviolli n'hésita point sur le champ à prendre et exprimer ce qu'il a du plus profond de son cœur.

- Ma femme est le plus cadeau que le monde ne m'est encore donné jusque-là. Je me dois de la protéger, la réconforter, l'aider, la guider et par-dessous tout l'aimer comme personne d'autres ne le fera. Par soucis de la protéger, je protège toute la nation et voilà pourquoi mon âme brûle de voir cet enfant grandir dans toute sagesse et le bonheur comme on en connaitra pas sur le terre mais les larmes aux yeux il ajouta que cela est tout obligatoire qu'il les quitte pour le bien.

Gaviolli pleurait quand il finit de prononcer ces dernières phrases qu'il quitta la salle et alla droit rejoindre sa femme à qui il annonça tout cela et sa femme lui reconnaissant une bravoure incomparable, l'embrassa au front et lui donna toutes les bénédictions possibles.

Le même soir, ils quittèrent le château et se rendirent très loin dans la forêt très loin même qu'où Gaviolli avait son domicile pour qu'ils rencontrèrent un lac sacré qui devait les servir de passage vers l'au-delà.

Serenus prononça des paroles magiques et le lac s'ouvrit et laissa passer une voie qui les menèrent très loin dans l'au-delà où ils rencontrèrent toutes les âmes perdues et celles qui venaient à peine de se perdre.

C'était un monde pas différent de celui normal à la différence que les lois de ce côté étaient toutes rigoureuses qu'on ne pouvait jamais avoir une idée de s'en sortir.

La troupe ne prit pas du temps, ils se bâtirent longuement avec l'armée et vainquirent malheureusement Gaviolli fit atteint par un sort et mourut sur le champ sans même un espoir de s'en sortir. La loi de la nature étant forte

Cassandra de l'autre côté de la vie mit naissance un Homme qu'il appela Victorien.

De l'autre côté du monde, le temps passait différentement trois ans dans le monde normal valaient une heure dans le monde de l'au-delà. C'est ainsi que la troupe passa 30 heures dans l'au-delà ce qui valait à 90 ans dans le monde normal.

A troupe victorieuse rentra quand Victorien était un homme fort, un grand roi qui avait fait du royaume ce que son père Gaviolli avait fait et honora ainsi sa mère Cassandra qui avait pris de l'âge et qui ne pouvait plus se déplacer.

La vie dûment vécu ne périt jamais lorsqu'elle a été élogieuse. C'est ainsi qu'on parlait de Gaviolli à toutes les générations et il demeura vivant dans le cœur des habitants.

Fin du TOME I.

Table des matières

Le rapt de Cassandra 14

La montée en Gloire 25

La vie à la cour 29

Printed by Books on Demand GmbH, Norderstedt / Germany